날개가 쓰는 시

날개가 쓰는 시

나영순 지음

아든북

| 시인의 말 |

시는 말하고 시인은 읽는다

　시인은 본다, 말한다, 그리고 시로 읽는다. 여기서 굳이 시로 읽는다고 옮기는 것은 시는 형상화되는 순간 더 이상 시인만의 세계로 남을 수 없어서다. 그러기에 시인은 이루 말할 수 없는 시적 공간에서 수없이 많은 시안(詩眼)들을 추리고 다듬고 엮어내야 하는 길에서 갈등하고 고민하고 자괴하는 것인지 모른다.
　오랫동안 길을 나서면서 새로운 길을 찾아야 했던 과제 중의 하나가 우리 것에 대한 기대감이었다. 지난번에 토종꽃을 담아냈고 이번에 토종새를 따라나섰던 것도 그러한 취지 중의 하나였다. 우리 것에 대한 믿음과 간직과 물림 등을 나누려는 간절한 바람에서 떠났던 것이다.
　우리 곁에서 새만큼 위안과 치유, 공감과 동행, 정감과 회한을 전해주는 시어도 없어서 더욱 그랬을 것이었다. 그만큼 우리 주변에서 우리를 따라 도는 새들. 그런데 우리는 새를 얼마만큼 포용해주고 기억해주고 품어주었던가. 특히 우리 토종새에 대한 그리움 같은 것은 얼마나 남아 있었던가.

그에 대한 못다 한 아쉬움과 미련, 그리고 자책 같은 것들이 쌓여 하나의 길이 되었고 다짐이 되었고 시가 되었다. 우리 속에 갇혀 있는 새와 새 속에 젖어 있는 우리. 그 멀고 가까움을 표현해보고자 떠나고 다가섰던 것이다.
  이제 또 길을 나설 것이다. 더 많은 우리 것을 위한 여정. 그 길은 결코 멈출 수가 없을 것이다.

가을이 우리 곁에서 멈추는 어느 날
창틈에 세워둔 낙엽을 보면서
나 영 순

| 차례 |

시인의 말 시는 말하고 시인은 읽는다 • 4

Chapter 1. 새벽의 소리

까치 어떤 소리 하나 • 14
꿩 정겨운 봄의 소리 • 16
딱새 늘 가까이서 • 18
종다리 온 들녘에 전하는 초록의 반가움 • 20
참새 우리에게도 떼웃음이 있다 • 22
박새 그들에겐 그들의 노래가 있다 • 26
찌르레기 악보보다 더 악보처럼 • 28
멧새 첫봄이 마주치는 숲길에서 • 30

Chapter 2. 들녘의 숨

까마귀 우린 물들지 않아요	• 34
멧비둘기 줄무늬 목도리를 두르고	• 36
흰뺨검둥오리 세상을 줄 세우다	• 38
원앙 사랑할 때 가장 사랑하는	• 42
논병아리 업어 키운 사랑	• 44
뱁새 숲의 사랑을 안다	• 46
때까치 사랑보다 더 큰 사랑	• 48
장박새 백도를 틔우는 황금 춤	• 50
밀화부리 부리를 내리고 터를 뿌리면	• 52
개개비사촌 파도처럼 하늘을 접는다	• 54

Chapter 3. 숲의 문장

곤줄박이 하나로 살아가기	• 58
동고비 회청색 가을을 날다	• 60
붉은머리오목눈이 동그란 요정의 하루	• 62
제주도오목눈이 오목한 빛들의 둥지	• 66
어치 가을 숲을 숨기는 어치	• 68
까막딱따구리 숲을 두드리는 멋쟁이	• 70
쇠딱따구리 빛보다 아름답게 두드리다	• 72
청딱따구리 하늘 높이 두드리는 푸른 사랑	• 74
오색딱따구리 오색 사랑으로 두드리다	• 76
물까치 물꽃보다 아름다워	• 78
양비둘기 산사 속에 숨은 그림자	• 80

Chapter 4. 바람의 등뼈

황조롱이 새하얀 눈초리 • 84
솔개 하늘의 나그네 • 86
매 오래된 나무처럼 홀로 서서 • 88
말똥가리 잊혀지는 숲의 지배자 • 90
검독수리 하늘의 뜻, 몸동작 • 92
수리부엉이 그림자 속의 곡예사 • 94
올빼미 어둠이 어둠을 지워내던 짙은 밤에도 • 96
큰소쩍새 짙은 밤이 숨겨온 이야기 • 100

Chapter 5. 물빛 악보

물총새 쪽빛 물방울로 날아올라 • 104
물까마귀 겨울에 물 이야기들을 묻다 • 106
검은등할미새 언제나 물 사랑 • 108
바다직박구리 멈추지 않는 사랑의 눈망울 • 110
검은머리물떼새 명패에 새겨넣은 연미복 겨울 연주자 • 112
깝작도요 점자처럼 읽히는 갯벌 노래 • 114
흰목물떼새 흰 깃털을 감추지 않는 한 • 118
괭이갈매기 사랑의 인연은 깊다 • 120
해오라기 해처럼 꼿꼿한 흰 댕기 • 122
쇠백로 흰 물결보다 더 흰 전설 • 124
흑로 제주도 바람보다 흐뭇하다 • 126

Chapter 6. 밤의 눈

동박새 겨울 사랑을 품는 흰 눈물	• 130
직박구리 계절을 옮겨놓는 이야기	• 132
뿔종다리 어둠에 잠기는 위장술	• 134
굴뚝새 흰 눈썹의 예언들	• 138
섬휘파람새(제주휘파람새) 섬 파도를 타듯	• 140
방울새 산 숲속의 동그란 음표	• 142

그리운 님들은 그리움이 더할 때
종다리 노랫소리 들린다
하늘과 하늘 사이를 울리면서

Chapter 1

새벽의 소리

● 까치

어떤 소리 하나

새벽을 일으키는 저 소리
긴 꿈이 아직도 선명한데
어느 반가운 길손을 부르기에
저토록 이른 아침을 전할까
밤새워 짓던 어둠들이
새벽이슬처럼 맑고 투명하게
저 소리 속에서 가라앉는다

어느 날 마주 보던 그 얼굴이
새새마다 그리울 때
영락없이 들려오는 저 소리에
가슴부터 따뜻해지는
아침이 건너온다

비바람에 흩어지고
긴 겨울 눈 속에 묻혔어도

Pica serica
참새목 까치과(Laniidae)

한 번도 흔들리지 않았던
저 소리, 저 소리들

사립문을 지치고 들어오는
아침 햇살보다 더 빠르게
먼 님 소식 올려놓는
저 소리 하나

● 꿩

정겨운 봄의 소리

이른 봄볕에
꿔엉 꿔엉 꿔어엉~
그 어떤 말보다 다부진 목소리
곡선으로 날아오는 그 소리에
이른 동산이 화들짝 튀어 오른다
습기 배인 골짜기를 깊숙이 가라앉는
저 옹글진 하소연
미처 깨닫지 못한 어느 여인의 여생인 듯
마디마디 숲으로 이어지는 향수
잃어버린 날처럼
해진 들을 건너오는 저녁놀을 따라
사립까지 걸터앉는 목소리가
마음까지 차오른다
이미 동쪽으로 기운 나뭇결을 헤집고
빈집 같은 길숲 한 모퉁이를
유유히 돌아가는 저 오색의 한 몸

숨소리조차 들킬 듯
새새색 발걸음도 빨라
나그네 바람은 쫓지도 못한다
달 진 한 밤이 이미 지났는데도

Phasianus colchicus
꿩과 (Phasianidae)

• 딱새

늘 가까이서

새벽이 아직도
밤의 끄트머리에 끼어 있는 시간
나뭇가지에 걸터앉은 구름 사이로
수레 끄는 소리가 퍼진다
끽끽
나이든 만큼 끌려가는 것이 힘든 듯
삐걱대는 소리
딱새 수컷이 울컥 하늘을 부른다
꼬리가 꼬리를 물었는지 꼬리가 꼬리를
한껏 흔든다
세상을 찍어놓은 발자국을 따라
동그랗게 몸을 키우는 딱새
딱히 집 하나 보러 다닐 새가 없으니
사람들과 무척 가까운 듯 사람들이 얽혀있는
이곳저곳에 둥지를 뿌린다
신발 안에도 우체통 속에도 자동차 엔진 옆에도

Phoenicurus auroreus
지빠귀과(Turdidae)

손발이 다다를 수 있으면
옮겨 사는 딱새
하늘이 허락한 길이 막혀 있어서
마지못해서였을까

• 종다리

온 들녘에 전하는 초록의 반가움

밭이랑에 깊이 초봄이 매이면
낯익은 노래가 해맑다
손등처럼 둥근 산 저 끝 골에서

Alauda arvensis
종다리과 (Alaudidae)

이쪽 산마루 곁을
돌담 뛰어넘듯 허공으로 길게 난
나뭇가지 사이를 뛰어다니는
한 쌍의 종다리
긴 겨울의 이야기들을 풀어내는
꿈의 이야기꾼
언제 어디서 들어도 잠들었던
꿈이 싱그럽다
수많은 별들을 헤집고
온 들녘에 전하는 초록의 향이
꽃잎에 맺힌 바람처럼 울울하다
꿈은 꿈속에서 더 꿈처럼 꿈을 꾸듯
그리운 님들은 그리움이 더할 때
종다리 노랫소리 들린다
하늘과 하늘 사이를 울리면서

● 참새

우리에게도 떼웃음이 있다

그늘이 내려앉은 숲이 있고
가지를 뻗는 허공이 있듯이
이른 새벽부터 시간을 떠내는 떼웃음이
노래가 되는 곳이 있다
어떤 때는 혼란스럽다가도
어떤 때는 위안이 되는
그 오래된 추억 같은 떼웃음
어느 하나 말을 붙이지 않아도
늘 같은 방식으로
세월을 부르고
계절에 응답했다

비록 작은 미소보다는 거칠고
큰 웃음보다는 덜 시원하지만
저토록 자연스런 웃음을
언제 다시 들을 수 있을까

점점 깊어가는 가을 잎사귀들이
붉게 숲속을 매만지듯이
흰 눈이 차곡차곡 쌓이면
점자 하나 없는 발자국이
온 들녘에 더욱 선명하게 남길 것이다
우리들이 여기 있다고

Passer montanus
참새과 (Passeridae)

● 박새

그들에겐 그들의 노래가 있다

사람을 싫어하지 않는 새가 있다면
새장에 가두지는 않겠지
우리 곁에서 우리와 함께 하는 우리가 있는 것처럼
그들의 숲에는 그들만의 노래가 있듯이
작은 부리로 아침을 물어다 놓고
작은 깃털로 세상을 깨우는
그들은 우리들의 삶의 저장소
새날 새 아침 새 빛이 그들을 기억한다
언제 어디서든 우리의 기억 속에 남아서
우리가 우리의 삶에 지쳤을 때
하늘을 솟구치며 제발 잘 살라고 재재거린다

그들에게도 그들이 있어
바람이 차고 눈이 겹쳐 오면
씨를 모으고 벌레를 잡아 하나가 된다
우리가 우리 곁에서 힘들어하는 우리들을

눈여겨보지 않을 때도
그들은 서로의 노래로 그들을 불러
한 번도 서툴게 헤어지지 않는다

서럽게 짓치는 바람 속에서도

Parus cinereus
박새과 (Paridae)

● 찌르레기

악보보다 더 악보처럼

잘 앉혀놓은 책꽂이 책처럼
전선을 나란히 접고 있는 찌르레기
장맛구름이 비를 가둔 것처럼
때로 몰려들면 거대한 회오리가 검게 술렁인다
환상적인 모여 춤

모차르트의 귓가를 아름답게 기웃대던
찌르레기
악보에 총총히 박힌 찌르레기가 아름답다

붉은 동그라미 속에 옭매어진
잊을 수 없는 날처럼
그 목소리 오래도록 맴돌아
누군가의 추억 속에 장식된다

삶이 제 몫처럼 다 아름다운 것은 아니더라도
찌르레기의 노래를 읽는

Sturnus cineraceus
찌르레기과(Sturnidae)

한 여름밤은 누구나에게
향긋하다

빛이 거둬들인 초점 없는 허공에서
가장 완벽한 악보로 남고 싶었던
그날 밤의 노래들
찌르레기는 그 밤을 잊지 않는다

• 멧새

첫봄이 마주치는 숲길에서

바람이 더디게 건너오는 초봄
하늘이 보고 싶어 숲 밖을 기웃댄다
꽃가지 얽어 만든 작은 숲길을
앞서거니 뒤서거니 주고받으며
오후를 지나가는 멧새
멧이 불러내는 향수 때문일까
손 위에 올려놓고 보고 싶은 고향집 같다
간밤에 떨어뜨린 외로움을
기어이 붙잡고 가는 봄이
더 소란스럽다
봄을 노는 건지
봄에 붙잡힌 건지
아랑곳하지 않고 연신 부리를 조아린다
가늘게 흔들고 간 나뭇가지 곁에
아직도 겨울이 가져가지 못한
바람이 조금은 남아있었지만
멧새가 털고 간 봄의 씨앗들도

부풀고 있었다
첫봄이 마주치는 숲길에서

* 멧 : 일부 동물 명사나 식물 명사 앞에 붙어, '야생의'의 뜻을 더하는 말

Emberiza cioides
멧새과(Emberizidae)

움츠린다고 기억되는 건 아니지만 더 이상 기억되지 말아야 할 기억을 찾아 나서지 않아도 될 테지

Chapter 2

들녘의 숨

• 까마귀

우린 물들지 않아요

무겁지 않아요
내 마음은 늘 그렇지 않거든요
누구도 나를 몰라
지친 눈으로 어둠만 바라봐요
저 하늘이 어둡던 가요
장마가 진 밤에도 하늘은 하늘이잖아요
아침에 날아왔다가
저녁을 날아가는
그 새의 기억처럼
우린 언제나 곁에서 지켰잖아요
우리 눈을 봐요
당신을 닮았잖아요
눈이 검다고 당신이 검은 건 아니듯이
우린 조금도 무겁지 않은 꿈이 있어요
눈을 감아봐요
들어오는 길을 잊어버렸나요

Corvus corone orientalis
까마귀과(Corvidae)

우린 기억을 빼앗지 않아요
우리가 우리를 봐달라는 것은
우리가 그저 검은 빛으로 사라지는
어둠이 아니라는 거예요

우린 어디서든 어둠에 묻혀버린
길을 찾을 거예요
당신이 가는 그 길 말이예요

● 멧비둘기

줄무늬 목도리를 두르고

줄무늬 목도리를 두르고
때로는 어슬렁거리고 때로는 총총총
도심을 뛰어다닌다
사람보다 사람을 더 가깝게 지켜보는
눈꼬리
늘 귀찮은 듯 거리도 없다
발끝이 닿아야 저만치 떨어진다
먹거리를 위해 자연 속에서 멀어진
인간과 가까워서일까
점점 도심 속으로 끼어든다
버려진 집과 공터와 도로, 아파트 베란다와 빌딩 사이에서
하루를 매만지지만
그래도 향수를 잊지 못하는 것을 보면
인간을 미워할 수도 있겠다

도시가 좋아서 도시에 얹혀살면서
시골도 좋아서 시골도 잊지 못하는

Streptopelia orientalis
비둘기과(Falconidae)

완벽한 취미를 가진 현대의 부랑아
한때는 평화를 외친 적도 있었고
한때는 환경을 해친 적도 있었기에
오늘도 거리를 오고 가며
눈이 마주치는지도 모른다

● 흰뺨검둥오리

세상을 줄 세우다

어디로 가는 것이 제 삶인지
모르는 사람들에게
흰뺨검둥오리는 제 길을 아는 양
새끼들을 줄 세운다
잔잔히 물 위든
좀 거친 물줄기든
아는 만큼만 품어준다
턱없이 끼워주고 쓸데없이 퍼주곤
한 번도 뒤돌아보지 않는 자식들을
하염없이 지키고 있는 사람들에게 보라는 듯

AI* 전파자로 낙인찍혀
온 세상의 손가락질을 당했어도
농산물 피해자로 지목되어
농약 볍씨를 수없이 뒤집어썼어도
꿋꿋이 새끼들을 제 깃털로 품는다

생긴 대로 개울을 헤집고
모성애로 새끼들을 줄 세웠을 뿐
그보다 못한 짓을 한 적이 없다

다음 생이 이어진다 해도

* AI : 신종 조류 인플루엔자

Anas zonorhyncha
오리과(Anatidae)

• 원앙

사랑할 때 가장 사랑하는

하늘 바람이 물가를 잔잔하게 민다
어디서 오는 빛이기에 저리도
꼭 맞을까
물 위를 짝짓는 한 쌍의 원앙
사랑할 수 있을 때
사랑을 가장 사랑하는
원앙 사랑
비록 사랑할 때뿐이지만
세상이 허락하는 가장 아름다운 사랑
사람이 사람을 사람으로
사랑하지 못하니 원앙으로 사랑하고
원앙으로 일깨우는구나
보고 또 보고 보고 싶어지도록 보라고
세상에 큰 짐을 꺼내는구나
보이는 게 다는 아닐 테니
숨어서도 안 보이는 데서도

부부는 하나여야 한다는
가장 단순한 꿈을
가장 아름다운 순간에
원앙의 물결처럼 일으키는구나

Aix galericulata
오리과(Anatidae)

• 논병아리

업어 키운 사랑

물 숲이 어지럽다
여기저기를 사납게 물어뜯는 눈초리
어미 논병아리가 새끼를 불러들인다
품속으로 사라진 새끼들 위로
햇볕이 거칠다
한참을 쏟아붓던 눈초리가 거추장스러웠는지
어미 논병아리가 수초섬 위를 풀썩 뛰어넘는다
순간 새끼들이 보이지 않는다
사라지는 순간이 너무 짧았다
어디로 간 걸까
수초섬 주변의 작은 물결조차 들떠
궁금증이 뜨겁다
수초섬을 몇 걸음 건너자마자 날개깃 사이에
올라앉은 새끼들
사람만 아이를 업어 키우는 줄 알았는데
논병아리의 모성애에 가슴이 먹먹해진다

작다는 것과 사랑한다는 것의 의미는
하늘이 준 사랑과는 아무런 관계가 없다는 것을
수초섬을 한참 뛰어넘은 논병아리 가족이
스스럼없이 벗어놓는다

Tachybaptus reficollis
논병아리과(Podicipedidae)

● 뱁새

숲의 사랑을 안다

뱁새가 수리를 낳는다*
봄을 찾아 나선 새는 새인데
다리가 짧다고 새 아닌 새보다
더 새 답지 않게 치근댄다
세월은 빛을 모아놓지 않는 것처럼
숲은 새를 가리지 않는다
꽃은 꽃대로
나무는 나무대로
새는 새대로
햇빛을 모으며 숲에서 산다
네가 가지 않는다고
내가 가지 못할 길이 아닌 것 같이
뱁새가 그동안 받아들이지 못한 사랑을
숲은 언제나 품을 내줄 것이다
움츠린다고 기억되는 건 아니지만
더이상 기억되지 말아야 할 기억을

Paradoxornis webbianus
붉은머리오목눈이과(Paradoxornithidae)

찾아 나서지 않아도 될 테지
앞서 핀 꽃들이 나무 곁에서 사랑스럽듯이
뱁새는 새들 속에서 더욱 새 다울 것이기에

* 못난 부모에게서 훌륭한 아들이 난 경우를 비유적으로 이르는 속담

• 때까치

사랑보다 더 큰 사랑

시끄럽다 시끄럽다
시끄럽다고 시끄럽게 웃는다
아니 울부짖는다 아니 노래부른다
누구도 알 수 없는 저 신호들
사랑할 때는 아무 소리도 없다가
헤어질 때가 서러워서일까
꼬리를 빙글빙글 몸을 흔들흔들
매서워진다
누구는 백정이라 했고
누구는 도살자라고도 했지만
둥지가 너무 가까워 손탈까 두려워서
시끄러운지도 모른다

예쁜 꽃에 독과 가시가 있듯이
예쁜 새에는 알 수 없는 무서움도 있는 법
사냥감을 나무도 모르게 걸어놓고는 모른 척
자리를 비운다

하지만

자식 아닌 자식을 자식처럼 키우는
남다른 사랑은 사랑이 아니었을까
몸짓 큰 자식이 하늘로 솟구치는 날
그리운 몸짓으로 바라보는
어미의 귓가에
하늘이 시끄럽다

Lanius bucephalus
때까치과(Laniidae)

Carduelis sinica minor
되새과(Fringillidae)

● 장박새

백도를 틔우는 황금 춤

뚝 떨어졌다
비를 한바탕 내보낸 구름처럼
제 곳에 기웃 붙었다가는

다시 솟구쳐 흩어진다
바람 소리보다 더 놀랍게
튀쳐 오르는 장박새
산행을 위해 한라산까지
높이 더 높이 치솟다가
흰 눈 사이를 헤집고 겨울을
두 다리를 뛰어다닌다
허공을 꺾을 때
파도처럼 심한 물결을 이루며 노란띠가
아름답게 출렁인다
우아한 몸짓이 황금깃을 틔워
눈 깜짝할 틈도 없이 손이 닿지 않는
여수 백도를 휘감는다
섬 숲을 깊이 채워오는 바람을 따라
요요히 섬 안을 틔우는 황금색 춤
요정이 오랜 꿈을 깨운다

• 밀화부리

부리를 내리고 터를 뿌리면

시간이 꺾이고 계절이 접혔다
봄도 끝내 제 몫을 스스로 내려놓았다
나그네가 제 터를 찾으면
고향처럼 드러눕듯이
나그네새도 어느 때는 자리를 기억하고
부리를 내려놓는다
계절마다 제 속을 속이는 바람 같이
밀화부리도 제때를 모르는 안개에 속아
여기서 터를 내렸을까
얼마나 많은 꽃들이 언 땅을 밀어야 하고
얼마나 많은 새들이 나뭇가지에 걸려 있어야
가장 봄처럼 봄을 꾸밀 수 있을까
겨울을 밀어내야 하는 밀화부리의 부리가
탄탄하다
살아야 하는 건
방랑자가 장독 위에 얽혀있는

어머니의 간절함을 읽는 것
밀화부리가 휘젓는 아침이
창밖에 세워놓은 이슬에 얹힌다

Eophona migratoria Hartert
되새과(Fringillidae)

● 개개비사촌

파도처럼 하늘을 접는다

파도보다 더 파도 같은 새가 있다
파도처럼 하늘에 닿을 듯 잡아당긴다
사촌이 주는 부드러움에
더 이웃 같은 이웃 새

Cisticola juncidis
개개비사촌과(Cisticolidae)

넓은 갈대숲을 총총총 기웃댄다
돌아다닌 만큼 어울리는 게 많으니
개개비사촌은 오늘도 갈대숲을
마음껏 휘잡는다
이 땅을 오랜만에 터로 잡았으니
이제는 기억만 쪼아 넣으면 된다
갈대꽃 위에 사정없이 내리뛰었다가
갈대꽃이 안타까워 어느덧
하늘을 잡아당긴다
온종일 시끄럽게 삣 삣 삣 삣 삣 떠들다가도
쯧쯧 혀를 찬다
온 세상이 부끄러워서일까
거미줄 같은 삶을 꼬박꼬박 받아친다
깃털을 파고드는 얄미운 바람을
치면서도

머리맡 붉은 관이 꺼내놓는
사랑의 두드림이 오늘도 온종일
산 숲과 길로 이어진다

Chapter 3

숲의 문장

Parus varius
박새과 (Paridae)

● 곤줄박이

하나로 살아가기

허공은 아무것도 남기지 않는다
바람도 비워지는 허공
하지만 아침 창가를 두드리는 새벽 곤줄박이는

처음처럼 끝까지 하나다
그토록 간절한 부부애를 가진
꼭 닮은 몸가짐과
오래된 기억들이
그들이 하나라고 맺어준다
하늘이 준 선한 눈으로
하늘과 땅을 수없이 연결하였기에
오늘도 저녁은 맑고 밤은 깊고
새벽은 온화하다
현실을 잊은 저들의 춤사위는
아직도 못다 이룬 하늘의 꿈
숲이 자라고
나무가 높이 일어
꿈이 잃은 꿈을
꿈이 꿈꾸게 하는 꿈이
봄 창가에 박혀있다

• 동고비

회청색 가을을 날다

산허리
붉은 가을이 산허리까지 차오른다
까딱 까딱
세월을 쪼던 동고비
붉은 가을에 놀랐는지
비바람이 잘 만져놓은 바위 위에
슬그머니 꼬리를 내려놓는다
나이든 산사의 단청 닮은 회청색 몸매
타다 타다 더 탈 것 없는 가을이
힐끗 훔쳐본다
휘잇 휘잇 휘잇… …
누군가를 부르는 소리에 이미 귀를 세운 탓일까
쉴새 없이 두리번거리다
가을이 깊이 박혀있는
나뭇가지 옆으로 뛰듯이 가라앉는다
홀연히 떠다니는 바람이 귀찮았는지

Sitta europaea
동고비과(Sittidae)

나뭇가지를 냅다 걷어차고는
휘이잇 가을 속으로 잠겨든다
이미 저녁은 노을로 빼곡하고
숲은 먹이 새들로 가득했지만
동고비는 어디서 누구를 찾는지
여전히 가쁘다

• 붉은머리오목눈이

동그란 요정의 하루

다리가 길다고 숲의 요정이 될 수는 없다
눈이 깊어야 되는 것처럼
숲은 늘 그윽한 향기를 갖는다
저마다 사랑받는 법은 확연히 달라
눈을 크게 뜨는 봄꽃같이
붉은머리가 유독 사랑스럽다

겨울 햇살을 맞은 산마루가 아직도 차갑지만
징검다리 건너듯
눈과 사람과 산 사이에서
엮은 풍경 속으로
아침 숲을 옮기는 붉은 움직임
너무 작아서 때로는
바람기인지도 모른다고 여겼지만
그곳에 붉은머리오목눈이
빠끔히 눈치를 보고 있다

의심이 많은 오목눈이
산봉우리에 얹혀놓은 바람에 깃이 나부낄 때마다
요리조리 의심이 는다

설산이 다가오면 가슴을 움츠리고
깃 속에 계절을 묻었던 오목눈이
새봄을 훔쳐보려 반짝인다

* 붉은머리오목눈이는 뱁새의 다른 이름이다. 그럼에도 그 아름다운 이름이 오래 기억되고 싶어서 다시 한번 시로 옮겨보았다.

Suthora webbiana
붉은머리오목눈이과(Timaliidae)

• 제주도오목눈이

오목한 빛들의 둥지

허공 속으로 햇살이 묻히면
어둠 곁으로 끼어드는 숱한 비밀들
오목한 빛들이 깜짝거린다
산 중턱을 이미 차오른 그림자 틈으로
쭈빗쭈빗 나뭇가지를
차고 오르는 작은 바람 소리
제주도에 둥지를 내어서
제주도오목눈이란다
나무줄기에 감춰둔 둥지도 아름다워
부드러운 지갑처럼 손에 꼭 어울린다
여기저기 통통 뛰며
쉴 새 없이 노래하기에
부리가 자라질 못한다
궁금한 것이 많아
여러 색들로 몸을 감싸고
긴꼬리를 간질거린다

가을이 꽃 사이에서 깊어지면
제주도오목눈이는 국화 앞에서
긴긴 꿈을 풀어낸다

Aegithalos caudatus trivirgatus
오목눈이과(Aegithalidae)

• 어치

가을 숲을 숨기는 어치

놀에 갇힌 아침이 낯설다
이슬마저 붉게 물들려 있다
놀에 물든 목소리로 날고 있는
아침 새들도 온통 붉은 입김이다

Garrulus glandarius
까마귀과(Corvidae)

어치의 아침도 혼란스럽다
괴성을 지르고
더 독한 것들의 목소리도 흉내 내느라
부리가 부풀어 올랐다

다람쥐를 따라 도토리를 담아오느라
통통 뛰어다닌다
발자국이 찍힐 때마다
뿌리를 내는 나무들
나뭇가지가 허공을 잡고 올라오도록
어치의 저장소는
가을의 숲을 키운다

어치가 가을을 담아오면
새싹은 껍질을 벗으며
봄을 부른다
봄이 봄을 귀에 담을 때까지

● 까막딱따구리

숲을 두드리는 멋쟁이

문을 두드리는 소리에
반갑게 맞으려는데
앞산을 쪼는 까막딱따구리
어색한 마음에 헛기침만 나오지만
그래도 반가움마저 드는 건
옛 외로움만은 아닌 듯
오늘도 까막딱따구리 은사시나무에 기댄다
오래된 나무에서 기억을 쪼아대는
붉은 관이 온 산을 흔든다
나무껍질을 제대로 두드려야 하는 한나절과
나무 속에 잘 숨어야 하는 한나절이
절묘하게 겹치는 순간만이
붉은 관우*가 기막히게 어울리는 까막딱따구리
사랑을 잃는 사랑이 사랑을 더 그리워하듯
속앓이를 하는 나무가 더 까막딱따구리를 사랑하는 법
가물은 들녘에 물길을 내듯

Dryocopus martius
딱따구리과(Picidae)

가려운 나무에 등긁기를 해주는
까막딱따구리
적막이 뿌리까지 밴 나무를 두드려야 사는 이유다

* 관우(冠羽) : 관모(冠毛)라고도 하는데, 새의 머리에 길고 더부룩하게 난 털을 가리킨다.

● 쇠딱따구리

빛보다 아름답게 두드리다

빛을 두드리는 소리
검은 숲이 햇살로 움츠러든다
꼬리 깃털로 바싹 움켜쥔
세상이 단단하다
제 몸만큼이나 작고 동그란 구멍이
숲속을 지키는 눈이다

빛보다 작은 색으로 온몸을 감추는 쇠딱따구리의
숨은 그림
바람도 그림자를 찾지 못해
쇠딱따구리를 알아보지 못한다

부드럽게 두드리는 소리가
몸짓만큼이나 간지럽다
어느새 웃자란 계절이
깃털에 끼어들면

Dendrocopos kizuki
딱따구리과(Picidae)

새집을 들어서는 쇠딱따구리
오래된 나무에 그들의 새로운 기억을 두드린다
제 몸에 기억된 일을 할 때는
아무도 두려워하지 않는 탓에
제집은 늘 완성작이다
여름이 깊어지기 전에

Picus canus
딱따구리과(Picidae)

• 청딱따구리

하늘 높이 두드리는 푸른 사랑

산에도 귀가 있어
오가는 소리들이 하나도 흐트러짐 없이
올곧이 숲이 된다

철마다 달리 오려놓는 저 아름다운 사랑들
손잡고 눈을 맞춘
뜻밖의 언어들이다
아무도 지켜주지 않아도 스스로
귀가 되고 입이 되고 다시 귀가 되는
청딱따구리의 사랑 소리
머리맡 붉은 관이 꺼내놓는
사랑의 두드림이 오늘도 온종일
산 숲과 길로 이어진다
산바람이 산 꽃이 산 계곡물이
알았다는 듯 능선을 따라
같은 소리들로 어울린다
하나 되는 소리들
산 숲은 어느새 새로운 말들을 쏟아낸다
청딱따구리가 하늘 가까운 나무에
둥지를 틀 때까지

• 오색딱따구리

오색 사랑으로 두드리다

나뭇잎이 바람에 끼어들 새도 없이
부리나케 나무에 걸터앉는다
숨구멍에 기댄 입들도 차분하다
다른 집 입들은 숨이 넘어가게
거셀수록 클수록 눈길을 자꾸 잡아당겼는데
여기 숨구멍에 얹혀 있는
오색딱따구리 형제는
하나씩 서로 머리를 꺼내
먹이를 차곡차곡 받는다
더 크게 벌어지지도
더 높이 빳빳하지도
더 소리소리 떠벌이지도
않는다
어미 오색딱따구리도 아예 눈치조차
건네지 않는다
그렇게 온종일 단단히 두드리고도

Dendrocopos major
딱따구리과(Picidae)

형제들을 사랑보다 더 사랑하게
사랑으로 사랑을 콕콕 집어주었다

사랑을 사랑으로 사랑하지 않는 세상을
내내 두드리는 틈에도

● 물까치

물꽃보다 아름다워

나뭇가지를 다 채우지 못한 가을 햇살이
아직도 출렁거린다
늙은 감 하나가 붉게 매달린 저녁놀을
천천히 올려다보다가
화려한 새 한 마리 날아오자
얼른 달아오른 볼
제 살보다 더 붉다
포롱포롱 허공을 집는 물까치
잘 접힌 손부채처럼
긴 꼬리를 감아놓고
선 고운 여인이 우려내는 꽃부채 같은
동그란 춤사위를 엮어낸다
그 춤사위 고고해 높은 가지에 올라
눈여겨 세상을 바라본다
무엇보다도 끼리끼리의 사랑이 커
그들의 눈에는

언제나 물까치들이 앞선다
때로는 가족을 위해
입도 거칠어진다

Cyanopica cyana
까마귀과(Corvidae)

• 양비둘기

산사 속에 숨은 그림자

강은 한 번도 굽은 줄기를 고르지 않았다
폭포 사이로 숨을 참는 양비둘기처럼
계절과 계절을 그때마다 옮겼을 뿐이다
언젠지 까마득한 숨소리들
산 소리 좋은 계곡을 찾아 나서도
발자국조차 그리지 못하는
그들의 그림자가 어둡다
뿌리를 놓쳐 버린 들녘같이
산사에서 발자국을 옮기는 양비둘기
집을 퍼뜨리지 못해서일까
굴을 가리지 못해서일까
꼬리의 부챗살이 제 무게를 견디지 못해
흔들린다
흑과 백의 섬김을 조아린 부챗살 꼬리

좋은 소식은
강이 줄기를 펴지 않아도 물길이 마르지 않는 것 같이

Columba rupestris Pallas
비둘기과(Columbidae)

내가 내 안에서 나를 찾는 것
누군가에게 잠깐 집을 비워줄 수도 있지만
다시는 돌아올 수 없다는 끝 길은
내가 나로 돌아올 수 없다는 것
그것을 잊지 않는 것

새벽을 이어내는 고고한 숨결
계시처럼 박힌 깃털을
곧추세워 천 길을 아우른다

Chapter 4

바람의 등뼈

• 황조롱이

새하얀 눈초리

저 눈이 조금만 고왔더라면
아무리 사랑한다 한들 매섭지 않으리
한겨울 긴 시름도 남겨두고
새끼를 품은 그 한 많은 눈초리
어느새 굵은 허공 헤집고 재빠르게 쫓는
바람들
가장 매혹적인 발걸음
그리고 가장 비밀스러운 날갯짓
그 어느 하나 헛된 것 없이
하늘을 움켜쥔 눈초리가
들녘에서 두군거린다
땅 모서리를 곤두세우고
하늘을 치켜뜬 못다 한 사랑
깊은 골짜기 짙푸른 산사를 떠나
도심 속에까지 찾아든 외로운 사랑

혹시나 들뜬 마음에
저 멀리 세워오는 밤바람 따라
깃 속을 숨어드는 눈초리

Falco tinnunculus
매과(Falconidae)

• 솔개

하늘의 나그네

바람 연 같은 눈빛으로
오후를 난다
하늘을 닮은 날갯짓에
들녘을 움켜쥐는 발톱
그 매서움에 초목도 흔들리지만
고기를 날라주는 효성도 깊다*

아무도 없어도 높이 더 높이
하늘의 부름을 쫓는
외로운 길
별 없는 밤도 하늘길을 바라보며
하늘손 닿지 않는 어둠의 밑까지도
그 눈빛으로 다가가
새벽을 이어내는 고고한 숨결
계시처럼 박힌 깃털을
곧추세워 천 길을 아우른다

Milvus migrans
수리과(Accipitridae)

귓속말도 없이 다가왔다가
작은 떨림도 없이 치솟는
바람을 지키는 바람개비 같은
하늘의 나그네

* 조선 철종 때의 효자 도시복 설화이다. 도시복은 집이 가난하였으나 효성이 지극하였다. 숯을 팔아 고기를 사서 어머니의 반찬을 빠짐없이 공양했다. 하루는 시장에서 늦어 바삐 돌아오는데 솔개가 갑자기 고기를 채 갔다. 도시복이 슬피 울부짖으며 집에 돌아와 보니 솔개가 이미 고기를 집안 뜰에 던져 놓았다는 이야기가 전한다.

● 매

오래된 나무처럼 홀로 서서

눈이 깊어 더 멀리 바라보는 세계
그 꼭짓점은 늘 높은 곳에 있었다
바람보다 가볍게

Falco peregrinus Tunstall
매과(Falconidae)

구름보다 높게
숲보다 짙게
나는 눈의 깊이
한 번 치솟는 꿈은 하늘에 걸린 점같이 아득하다
수평선처럼 바라봐선 꿈이 이루어지지 않는다는 것을
나무조차 오르기 힘든 절벽이나
혼잣말도 들리지 않을 바윗굴에
적어놓았었다
눈 깜짝할 사이에 사라지는
꾸다 만 꿈속의 꿈처럼
발톱마저 찾을 수 없을 정도로
가팔랐지만
바람을 가로지르는 그 민첩한 숨결은
등대선처럼 해동청으로 수식되었으리
오래된 나무처럼 버텨온 이 누리에서

• 말똥가리

잊혀지는 숲의 지배자

낙엽이 눈보다 무성하다
가을이 이미 모든 움직임보다 빠르게
곁에 와 있다
끼아으으으흑
허공을 찢으며 내달으는 매서운 독백
가을이 무르익었음을 보여주는
말똥가리의 울부짖음
누구를 겨냥하고 누구를 막을 것이기에
저토록 가혹하게 파고드는가
외로운 저녁노을을 따라
어디론가 져갈 그리움이
말똥가리의 눈빛 속에 자욱하다

어디로 갔을까 그 많은 흔적들은
숨소리조차 끊어지는 밤 한가운데
늙은 나무를 등지고 선

가을 지배자의 오래된 그림자가
선명하다

Buteo buteo
물총새과(Alcedinidae)

Aquila chrysaetos
수리과(Accipitridae)

● 검독수리

하늘의 뜻, 몸동작

하늘을 떠미는 분수처럼
저들도 치솟는 이유가 있다
뜻을 따르기 위한 강한 몸동작들

바람을 움켜쥔 눈과
숲을 휘감는 소리들
다 하나 같이 하늘의 뜻이란다
강한 턱과 굵은 눈썹은
사납고 매서운 것을
도려내는 칼날 같은 것이 아니다
부드럽고 따뜻함을
감추기 위한 그림자 같은 것
태양 가까이 갔을 때
비로소 가장 완벽한 하나가 된다
많은 날을 혼자이어야 하는 것도
가장 빠르게 날아야 하는 것도
산맥을 타고 넘어오는 것도
영혼을 위한 하늘의 뜻이었다
칼보다 더 칼같이 예리한
한없이 자유로움이 있는 한…

• 수리부엉이

그림자 속의 곡예사

어둠이 묻힌 뒤로
익숙한 그림자가 솔깃댄다
가장 어두울 때 가장 신기한 눈빛을
찍어낸다
아무 움직임도 없이 다가오는 밤 속처럼
나뭇가지에 기댄 채 소리조차 깜깜하다
한참을 두리번거려야
손에 잡히는 불빛같이
누구도 알아차리지 못하는 날갯짓
한 번도 어긋남이 없는
밤의, 어둠의, 날것들의 곡예사
고갯짓도 자유스러워
어느 방향에서든 눈빛이 빛난다
귀로 잡는 게 눈으로 재는 것보다 빨라
족집게처럼 시간을 잡아챈다
바람 하나 없이

Bubo bubo
올빼미과(Strigidae)

숨어드는 그림자
빛이 들지 않아도
숨소리가 겹치지 않아도
어디서든 제 뜻을 굽히지 않는다
더 짙어지는 밤 속 내내

● 올빼미

어둠이 어둠을 지워내던 짙은 밤에도

눈이 감기지 않는 밤이 짙다
외로운 바람에도 끄떡없던 눈빛
구름이 사라진 저녁 산을 바라보며
묵묵히 발톱이 박힌 나뭇가지를
움켜쥐던 때도
흔들리지 않았다
다만 아무리 보아도 대답이 없는
산의 적막이
깃 속에 차곡차곡 쌓이면
만나지 못하는 바람 때문에
울컥 잠길 때도 있었다

그리고 빗발이 굵어지는 밤이면
꼿꼿했던 눈빛이 가끔
빗속에서 녹아내리고
움켜쥔 세월이 비처럼 흩어졌다

그 누구도 흉내 낼 수 없는 밤의 어둠이
마지 못해 산 밑을 떠돌고
산마루가 이미 새벽으로 채워지는 어스름이면
생각지도 않았던 그리움이 하나둘 떨어졌다

어둠이 어둠을 지워가는 사이마다

Strix aluco
올빼미과(Strigidae)

• 큰소쩍새

짙은 밤이 숨겨온 이야기

벚꽃이 가지마다 흔들릴 때
저만치 큰소쩍새의 눈이 아프다
밤이 지칠 때까지
느릿느릿 지나온 이야기들을 꺼내놓는다
마지막 떠나는 기차를
돌려보내는 바람처럼
쉴 새 없이 산 밤을 깨우고
마을까지 내려오는 저 긴 한숨
유채꽃까지 번져오는 봄밤이
길다

봄은 빨리도 겨울을 잊는데
지난번 다 벗어놓지 못한 그리움은
여름이 봄을 다 채우고도
떨어지질 않는다
입속마저 붉어
깊은 산마루까지 새벽노을을 붉게 틔운다

어둠 진 산허리가
아직도 붉다

Otus bakkamoena ussuriensis
올빼미과(Strigidae)

가을이 익은 밤송이처럼
다 같이 물가가 집이기에
그들의 밤은 시냇물처럼 오고 간다

Chapter 5

물빛 악보

● 물총새

쪽빛 물방울로 날아올라

세상을 향해 자맥질한다
물 밖으로 솟아오르는 사랑의 물방울들
수없이 부딪혀도 상처 하나 없는
사랑의 물질
오히려 무지개가 된다
청동빛이 화사하게 피어나는
물가에 앉아
아직도 못다 한 이야기들을
툭툭 털어내는 물총새
비늘을 쪼을 때마다
더욱 맑은 청동빛을 담는 깃털 속에서
여름 오후가 나른하다

하얀 여름 한때를 쪽빛 물방울로
튀어 올라
숨죽인 숲속을 파랗게 깨운다

Alcedo atthis
물총새과(Alcedinidae)

아무도 기대하지 않던 베란다에 걸터앉은
잠자리처럼
잠자는 물낯을 깊이 가로 새겨
하늘의 빛을 전하는
청동빛 물방울이 숨을 쉰다

● 물까마귀

겨울에 물 이야기들을 묻다

겨울이 하얀 데도 그들은 깃털을
추스르지 않는다
가을이 붉게 뽑힌 자리엔 이미
아득히만 여겨졌던 시간들이 촘촘히
자리를 틀고 있었고
담장을 넘어가다 만 수축해진
넝쿨들도 여름비처럼 계절을 잊은 채
허공을 놓아 버린
늦은 겨울의 모퉁이
물까마귀가 물 끝에 서 있다

물속에서 서서히 올라오는 초봄
까마귀가 하늘과 인간의 사자이듯이
물까마귀는 물과 인간의 사자인 듯
유유히 물속을 잠행한다

Cinclus pallasii Temminck
물까마귀과(Cinclidae)

거치른 물살을 헤집고
입 크고 소리 높은 새끼들과 달리
초를 다퉈 먹이를 골고루 나눠주는
어미새의 간곡한 사랑이
하늘이 떨어뜨린 물줄기를 따라
절절히 파고든다

• 검은등할미새

언제나 물 사랑

물을 찾아 나선 산 그림자가
이미 개울에 차고 넘치는데
아직도 물을 쪼는 검은등할미새
물이 물에서 물을 따라 물을 내는 사이에도
하염없이 물 사랑은 끝나지 않는다
삼백육십오 일을 꼭 채운다
겨울에는 눈 덮인 물가로
봄에는 초록 물가로
여름에는 사랑의 물가로
가을에는 붉은 물가로… …

파도를 타는 듯 하늘을 오르다가
느닷없이 물가로 뛰어드는 검은등할미새
물낯에 비춰진 모습에
화들짝 누군지 몰라
서슴지 않고 쪼아댄다

Motacilla grandis
할미새과(Motacillidae)

부리로 물을 밀며
세월을 빼곡히 읽고 간다
낮이 외로워 밤에는 서로를 불러모으는
검은등할미새
가을이 익은 밤송이처럼
다 같이 물가가 집이기에
그들의 밤은 시냇물처럼 오고 간다

• 바다직박구리

멈추지 않는 사랑의 눈망울

물소리는 귀를 꼭 집지 않아도 들리지만
수없이 귀를 헤집고도 알아듣지 못하는 것이
새소리다
어디서 어떻게 우는 건지
노래하는 건지
도무지 쉽게 알 수가 없다
그래서 새들은 사랑을 하는 거다
어미가 어미를 만났을 때
어미들이 새끼를 키우고 있을 때
새끼들이 어미들과 헤어질 때
다 소리가 다르다
인간도 우는 것에 따라
사랑이 다르듯이

아기에게 젖을 물리는 엄마의 눈처럼
바다직박구리는 작은 틈도 주지 않고

Monticola solitarius
솔딱새과(Muscicapidae)

사랑 신호를 보낸다
먹이를 물고도 한참을 떠돌다가
새끼가 무섭지 않다는 신호를 받고서
살며시 둥지를 찾아간다
끝없이 침입자로부터 새끼를 사랑으로 감싸는
바다직박구리
저 멀리 수평선이 파도를 숨기는
사이에도

• 검은머리물떼새

명패에 새겨넣은 연미복 겨울 연주자

제 이름 대신 검은머리물떼새 그림이 있다
제철을 아는 새들의 터
유부도는 그 사정을 안다

Haematopus ostralegus
검은머리물떼새과(Haematopodidae)

잔잔한 파도를 가로지르는
섬의 새들
붉은 부리로 겨울을 물고 와
유부도 갯벌에 하얗게 뿌려놓는다
방금 연주를 마친 지휘자인 듯
연미복으로 빼입고 해안가에 바람을 세운다
겨울의 연주가 파도를 휘감고
섬 바위에 걸터앉은 구름 속에서 종종거린다
어느덧 저녁놀을 채우는 유부도
더욱 붉어지는 검은머리물떼새의 부리
살얼음과 칼바람과 하얀 파도가 겨울 바다의 제 삶이듯
붉은 부리를 맞대고
유부도를 지키는 연미복 겨울 신사
오늘도 검은머리물떼새의 갯벌 연주가
저녁에 가득하다

• 깝작도요

점자처럼 읽히는 갯벌 노래

나그네일까 터주일까
꼬리로만 까딱까딱
그렇다는 건지 아니라는 건지
알 수가 없다
저만치 떠 있는 해무마저 무슨 뜻인지 몰라
점점 해안을 밀어낸다

저마다 가슴의 흰 털을 풀어 내리는 깝작도요
갯벌에 점자처럼 찍히는 발 장난이
쏟아지는 파도에도 꼼짝하지 않는다
수천 년을 풀지 못한 노래들을
지울 수 없는 것처럼
저 멈추지 않는 그리움보다 더 정확히
수신되는 소리들이
해안가를 메우는 파도 같이 뛰쳐나온다

삐비빗 삣 삣 삐빗 삐빗 삣 삣 삣 삣 삐비빗

겹치는 문자들이 구름을 떠밀자
소풍 가는 아이마냥
다시 들뜨는 허공
수많은 이야기들이 흩어진다

Actitis hypoleucos
도요과 (Scolopacidae)

• 흰목물떼새
흰 깃털을 감추지 않는 한

흘러야 하는 것과
막아서야 하는 것
늘 사라지는 것과 만들어지는 것의 눈높이
나무가 나무 틈에서 나무여야 할 때
새가 새 안에서 새여야 할 때
우리는 저들을 사랑한다

장마가 사라진 뒤에도, 살얼음이 내려앉은 사이에도
몽돌과 모래 사이에서 움직이는 저들
흰목물떼새의 깃털들이다

하지만 느닷없이 걷어버린 물결은
저들이 풀어놓아야 할 깃털마저
송두리째 지워버린다

언제 어디로 뛰쳐나올지 모르는
텃밭의 침입자들을 꺾지 못한다면

물길이 부러진 모래밭 사이에서
흰목물떼새는 깃털을 풀지 않을 것이다
봄이 흐르지 못하는 내내

Charadrius placidus
물떼새과(Charadriidae)

● 괭이갈매기

사랑의 인연은 깊다

발걸음도 아슬아슬한 섬바위 끝
바람조차 기억하지 못할 풀밭에
집이 있다

Larus crassirostris
갈매기과(Laridae)

바다를 가로질러 와 다시 찾는 그곳
괭이갈매기 한 쌍이 둥지를 심어놓은 곳
파도마저 물거품으로 돌아눕는 곳에
뱃길도 밀려온 적이 없으니
노을만 껴안고 떠나는 섬길 위로
또다시 인연이 되는 옛사랑
자식 사랑마저 애틋해
반쯤 삭힌 먹이를 물리는 어미 사랑
언제나 그 사랑은 끝이 없었다
어미의 사랑이 깊어 사랑으로 사랑을 사랑하기에
형제들을 또렷이 구별하는 목소리도 남다르다

하루를 거둬들인 수평선에 저녁이 차오르면
섬 달 속에 흰 깃털을 쪼아 넣는 괭이갈매기
파도에 묻힌 어둠도 하얀빛에 눈이 부시다
달빛을 잡아당긴 흰빛이 그윽하다

● 해오라기

해처럼 꼿꼿한 흰 댕기

오후에 발 하나 담그고
해 넘어오는 그림자를 밟는다
외줄로 차려진 금처럼
때로는 외롭고
차갑기도 했지만
눈길 한 번 풀지 않는
어두운 세상의 물길들
수없이 쪼고 쪼는
감당할 수 없는 몸짓 속에서도
사라지지 않는 그림자를 보았다

고요를 꺼내놓지 못하는 물소리
그 틈을 파고드는 바람
움츠러든 목 뒤로 어스름이 끼어들면
서서히 몸짓을 푸는 해오라기
접었던 목을 풀어 저녁을 옮기기 시작한다

Nycticorax nycticorax nycticorax
백로과(Ardeidae)

무너져 버린 어둠 위에서
목을 재빨리 스스럼없이 풀어내는 것이 제 몫이다
홀로 선 물결 위에
흰 댕기가 꼿꼿하다

• 쇠백로

흰 물결보다 더 흰 전설

검은색 바탕에 흰 물결
그리고 그 맑은 물결에 박힌 흰 빛
쇠백로가 물낯에 새겨넣은 긴 깃 장식을
눈여겨본다
찔레꽃 천변에 저녁이 잡히면
스스로를 들여다보는 쇠백로
어느 시대의 전설이었기에
저리도 아름다운 깃을 가졌을까
두 장식 깃에 꼭 짝이 되는
황금 발 검은 발목에 낀
발가락은 더 노랗다

물밑에 두고 온 그림자를 찾느라
어둠이 긴 목까지 찼는데도
여전히 물낯을 지우지 않는 쇠백로

낯익은 물안개로 물가가 소란스러워도
잘 익은 흰빛이 소담스러운지
세상이 시끄러워서인지
눈길 한번 꺼내지 않는다

Anas zonorhyncha
오리과(Anatidae)

Egretta sacra
백로과(Ardeidae)

● 흑로

제주도 바람보다 흐뭇하다

보기가 힘드니 보여주지도 않아서
멀리서만 치켜뜨는 눈꼬리
검은 것이 다 어둠은 아니듯이

한 번 검다고 다 검은 것은 아니다
절벽에 붙어 있으니
부식될 터도 없어서
백로보다 더 흰데
겉이 검다고 속까지 검을 수야
뒤엉킨 기억과 꺾인 생각들을
세월 바람이 안고 가듯이
흑로가 놓친 배설물은
파도가 스스로 물고 가니
늘 그대로 한참 동안 머무르는 절벽 터
사람은 사람을 사람에게서 사람으로
사람답게 들여다보지 못했지만
겉이 뻔하다고 속까지 다 뻔하게 사는 것이 아닌
흑로
제주도 바람 탓에
사람까지도 흐뭇하다

창가에 가을을 앉혀놓고
겨울로 봄으로 다시 여름으로
계절을 옮기는 철갈이 소리새

Chapter 6

밤의 눈

• 동박새

겨울 사랑을 품는 흰 눈물

겨울을 품지 못한 바람이
언덕을 동그랗게 올라온다
동백꽃이 한 아름 어우러진 그 언덕길
꽃 숲 모퉁이를 돌아돌아
동박새 날갯짓이 곱고 곱다
동백꽃 속에 깊이 묻어둔 이야기들을
밤새 늘어놓으려 잠시도 날지 못한다
초록초록 빛을 들어
동백꽃 꽃잎마다 사랑을 전하는
동박새
어느 긴 밤의 꽃씨 하나 물고
찌이 찌이
겨울을 쪼는 그리움
그리움을 수놓은 눈동자에 동백꽃은
동박새 부리마다 오려둔 겨울 사랑을
빼곡히 기억한다

아무도 밟지 않은 눈길마다
겨울의 꽃잎이 붉게 질 때까지

Zosterops japonicus
동박새과(Zosteropidae)

● 직박구리

계절을 옮겨놓는 이야기

늦은 감 위에 걸터앉아
세상을 홍보는 직박구리
어디서 오길래 저리도 바삐 지저귀는가
숨 한 번 참지 않고

Microscelis amaurotis
직박구리과(Pycnonotidae)

소리로 소리를 전하는 소리새
부슬부슬 바람에 윤이 나는 깃털로
담을 넘어오는 이야기들
가을은 이미 깊어
하늘마저 붉게 짙은데
외로운 길은 언제나 끝날까
아침마다 거칠게 세상을 흔들어
일터로 가는 길을 재촉하는 소리새
창가에 가을을 앉혀놓고
겨울로 봄으로 다시 여름으로
계절을 옮기는 철갈이 소리새
눈앞에서 금새 소리를 뱉고는
허공으로 갈라진 나뭇가지들을 밟으며
느닷없이 달음질을 친다
어느새 늙은 감이
힘겨워 털어놓은 이 가을에

● 뿔종다리

어둠에 잠기는 위장술

풀숲에 뿔을 숨겼다
하늘 높이 치솟아 정지하는 순간
사랑은 더 높이 뛰어올라
어우러져 지저귀는 뿔과 뿔
그렇게 오랫동안 풀과 풀 사이에서
쪼아대던 긴 부리도
통통거리며 들과 들을 넘어오던
굵지 않은 다리도
날개를 절면서 침입자를 유인하던
깔끔한 위장술도
이제는 궁금증과 아쉬움만 연거푸
뿌리째 얹혀놓곤
빛 잃은 어둠처럼 잠겨버렸다
아직도 기억에서 꺼내지 못한
가을비에 엎질러진 밤껍질 같은*
새끼들의 깨지는 듯한 목청과

외로이 하늘을 향해 가랑잎처럼 흩어지는
어미들의 사랑의 노래가
허공 속을 솟구친다

* 뿔종다리 새끼들이 먹이를 조를 때 둥지 입구를 향해 입을 크게 벌리는 모양이 마치 잘 익은 밤껍질 같다.

Galerida cristata
종다리과(Alaudidae)

• 굴뚝새

흰 눈썹의 예언들

세상이 달라지는 작은 움직임
흰 눈썹이 예언처럼 들뜬다
물음표를 찍어놓은 발자국
눈 놓인 숲길을 따라 굴뚝새가
세상에 걸려 있다
새가 노래한다는 것은
시를 쓰는 것처럼
세상을 잘 읽어내라는 것
굴뚝새는 더듬을 수 없는 눈길에서
별이 뜨는 아늑한 밤을 기다리는
연기에 젖어 있는 굴뚝 같다는
전설처럼 우리 곁을 기다린다
몇 개의 겨울이 겹쳐 오는 동안
수없이 수군거렸던 세상의 눈들을
봄바람이 봄꽃을 녹이듯이
기다렸다

기다린다는 것은 기다리는 것만큼
기다리는 것이 외롭다지만
네가 가져올 아름다운 이야기를
이 한 겨울밤에 노래로 듣는다는 것
귀향을 서두르는 배에 등대를
올려놓는 것처럼 눈이 뜨이는 것
그 밤이 우리 곁에서 기다린다는
것이다

Troglodytes troglodytes
굴뚝새과(Troglodytidae)

• 섬휘파람새(제주휘파람새)
섬 파도를 타듯

나무에 기댄 시간이 고요하다
연둣빛으로 오랜 시간을 기다리던 오후
그리고 잠시
힘겹게 찾아낸 봄을 지키려
숲과 숲속 사이를 숨겨서 옮기는
섬휘파람새

어느새 다가온 여름 한때
따가운 햇살이 귀찮지도 않은 듯
땅에서 모둠발로 한참을 뛰더니
어느새 바람이 그리운지
나뭇가지 속에서 걸음이 빠르다

벌써 산마루를 길게 휘파람으로 채우고
산어귀까지 차오르는 가을 노을
강을 따라 들녘을 깊이 감춘다

Horornis diphone
휘파람새과(Cettiidae)

이미 고개 숙인 해바라기를 바라보며
산 밑으로 잠행을 서두른다

한라산 아래까지 눈이 고이면
가족이 된 날갯짓이 바쁘다
녹갈색 무늬로 파도를 짖듯
퍼덕이는 세상
남몰래 묻어둔
비밀이라도 찾는 모양이다

● 방울새

산 숲속의 동그란 음표

하늘이 가을을 읽으면
무게를 견디지 못한 저울추처럼
붉게 뜸을 들이는 숲
그 사이를 방울새 한 마리가
가느다랗게 붉은 선을 따라온다
낯익은 저 소리
우리가 늘 바라보던 아버지의 지게 소리만큼
어머니의 장바구니만큼
허공에 매달리며 눈시울이 붉도록
가깝게 다가오는 저 떨림
또르르르릉
기다리는 소식을 앞질러 온다
늦가을 햇살이 낙엽을 긁어모으면
동그란 음표들을 산 숲 깊숙이
숨기고 돌아오는
방울새

Chloris sinica
되새과(Fringillidae)

계절이 또 다른 계절을 따라
수없이 바뀌어도
동그란 방울 소리는 남아
숲이 거칠어지는 것들을 막아선다

나영순 지음

날개가 쓰는 시

발 행 일	2025년 9월 30일
지 은 이	나영순
펴 낸 이	이영옥
편　　집	송은주
펴 낸 곳	도서출판 이든북
출판등록	제2001-000003호
주　　소	(34625) 대전광역시 동구 중앙로 193번길 73
전　　화	042 · 222 · 2536
팩　　스	042 · 222 · 2530
이 메 일	eden-book@daum.net

ⓒ 나영순, 2025

ISBN 979-11-6701-368-2(03810)

값 15,000원

· 잘못된 책은 바꾸어 드립니다.
· 이 책 내용 전부 또는 일부를 재사용하려면 반드시 저작권자와 이든북 양측의 동의를 받아야 합니다.

본 도서는 ▲∧／ 한국예술인복지재단 의 후원으로 발간되었습니다.